LE P. BOUHOURS CONVAINCU DE NOUVEAU,

DE SES ANCIENNES IMPOSTURES, FAUSSETEZ ET CALOMNIES.

OU

Rèponse à l'Avertissement de la troi-siéme Edition de sa Lettre, à un Seigneur de la Cour.

Au sujet du Peché Philosophique.

Canis reversus ad suum vomitum. S. Pierre, Eph. 2. ch. 2. v. 22.

A COLOGNE,
Chez NICOLAS SCHOUTEN,
MDCLXCI.

REPONSE
A L'AVERTISSEMENT

Qui precede la nouvelle Edition de la Lettre du Pere Bouhours Jesuite, à un Seigneur de la Cour, au sujet du Peché Philosophique.

LE Pere Bouhours est un homme admirable. Il n'auroit pas son pareil, s'il ne s'avisoit quelquefois de se copier luy-même. Mais aussi faut-il avoüer que quand il le fait, il y réussit si bien que la copie vaut l'original.

Il y a vingt deux ans qu'il fit son portrait sans y penser, dans sa Lettre à un Seigneur de la Cour. Il y voulut peindre Messieurs de Port-Royal, comme des hérétiques, des gens de cabale, des seditieux, des ennemis des Puissances Ecclesiastiques & Seculieres, des rebelles à l'Eglise & à l'Etat, des Schismatiques; en un mot, comme des disciples de Calvin. Mais contre son dessein il se peignit luy-même, comme un des plus hardis & des plus effrontez calomniateurs de nos jours, comme un Ecrivain sans front & sans pudeur, qui entasse mensonges sur mensonges, sans se mettre même en peine de les colorer de quelque vraisem-

blance;

blance ; & qui déchire avec fureur l'honneur & la reputation d'un grand nombre de pieux & sçavans Ecclesiastiques , & d'une Maison entiere de saintes Filles , qui meritoient d'être proposées à beaucoup d'autres , comme d'excellens modelles de la vie religieuse.

Tout le monde le reconnut d'abord , & trois ou quatre réponses que l'on fit aussi-tôt à sa Lettre, firent si bien remarquer les traits qui pouvoient échapper aux yeux les moins perçans , qu'il peut s'asseurer que tous ceux qui voudront jetter les yeux sur ces réponses , le reconnoîtront encore aujourd'huy, malgré tous les artifices qu'il employe pour se peindre en galant homme.

Mais quant à ceux qu'il avoit voulu peindre avec des couleurs si noires & des traits si affreux , il y réussit si mal , que dans ce temps-là même dix-neuf Evêques firent au Pape & au Roy leur portrait fort au naturel , & aussi contraire au premier que le blanc l'est au noir ; & ils effacerent d'un seul trait toutes les calomnies dont il les avoit voulu noircir. Quelques mois après , le Roy & toute la Cour , le Nonce du Pape & les Evêques , les Cardinaux & le Pape même les reconnurent pour trés-catholiques & poûr de vrais enfans de l'Eglise , sans les obliger à retracter aucunes erreurs ; sans exiger aucune reparation du passé , & sans autre declaration de leurs sentimens & de leur foy que celle qu'ils avoient toûjours presentée à l'Eglise , aux Evêques & au Pape.

Après un si mauvais succés , n'avoit-on pas sujet de croire que le Pere Bouhours auroit un peu honte de luy-même , & qu'il auroit au moins la prudence de tirer le rideau sur cette Lettre infortunée ? Cependant il en est amoureux , & la croit bonne à tout ; & quelques écrits qne l'on fasse pour refuter ses differentes calomnies , il ne manque pas pour replique de faire usage de sa Lettre à un Seigneur de la Cour. C'est une arme à toutes mains,
bou-

bonne a attaquer, bonne à se défendre, c'est la reponse, c'est la replique a tout. Il y a vingt-deux ans que c'étoit un écrit contre le Nouveau Testament de Mons; aujourd'huy c'est une réponse à la declaration dogmatique des disciples de Saint Augustin. C'étoit en ce temps-là l'apologie d'un Prelat; c'est maintenant celle de la Société : & si cet Ecrivain s'avisoit de vouloir refuter la Geometrie de Monsieur Arnauld, il s'imagineroit pouvoir trouver dans sa Lettre de quoy la mettre en poudre.

Est-il donc possible qu'il ait oublié de quelle maniere il fut traité dés le moment qu'elle parut par celui qui prit la peine d'y répondre ? Ne voyoit-il pas qu'il étoit aussi facile à ses adversaires de faire r'imprimer leur réponse, qu'à lui de faire reparoître sa Lettre ? A-t-il cru que le bon sens & la raison étoient changez depuis vingt-deux ans, & qu'on jugeroit de ces deux pieces en 1690. tout autrement qu'on en jugea en 1668 ? Non, il a bien veu qu'il faisoit un coup d'étourdi, en renouvellant la memoire d'une querelle ensevelie dans l'oubli, & en commettant par là de nouveau une personne d'une tres-grande consideration, & dont par une obligation personnelle il devoit ménager les interéts: mais en même temps il a presumé avec raison que ses adversaires n'étoient pas assez imprudens pour imiter une conduite si irreguliere. En cela il leur a rendu justice. Ils sont même si éloignez de vouloir renouveller une affaire assoupie, dans laquelle une personne de cette consideration pourroit avoir quelque interét, qu'ils ont même empêché qu'un particulier ne fît faire une nouvelle impression de cette réponse, quoi-qu'il en témoignât un g and empressement. Mais tout cela n'empêchera peut-être pas que des gens qui n'ont aucun raport à eux ne s'avisent de faire r'imprimer cette réponse, & n'empêchera certainement point que la curiosité des gens ne se réveille, & ne fasse chercher & cou-

A 3

rir

rir par le monde une piece qui fe trouve dans les ca-
binets de quantité d'honnêtes gens.

Cependant s'il croit de fon côté avoir beaucoup
gagné en publiant de nouveau fon apologie; on
eft perfuadé de l'autre qu'on ne perd pas beaucoup
quand on en fupprime la refutation. La providence
a voulu qu'on en ait parlé dans la troifiéme Denonciation du peché Philofophique; & ceux qui pren-
dront la peine de lire ce qu'on en dit à la page 56.
& dans les neuf pages fuivantes, verront bien qu'il
n'en faut pas davantage pour defabufer ceux qui fe-
roient tentez d'avoir quelque creance pour cet Ecrivain: car les deux ou trois calomnies qui y font
rapportées & refutées font fi folles & fi extravagan-
tes, qu'elles étoient capables de faire perdre à fa
piece tout le credit que fes artifices lui pouvoient
acquerir d'ailleurs.

L'avertiffement qu'il a mis à la tête de fa nouvelle édition ne cede en rien à la Lettre; & l'auteur y
acheve fon portrait par des traits de mauvaife foy,
d'imprudence, & de menfonge. Ces termes pa-
roîtront trop foibles & trop doux à ceux qui confi-
dereront ce petit ouvrage, s'ils en examinent les
confequences.

Ils n'y verront prefque rien de nouveau que des
accufations atroces fans preuves, cent & cent fois
convaincues de fauffeté, & remifes en œuvre avec
plus de confiance que jamais. Il faut pourtant lui
donner le plaifir de les voir examinées pied à pied.

Comme il ne touche pas à la moindre partie de
l'écrit de la Recrimination qu'il pretend détruire,
on eft difpenfé de la peine de la foûtenir, & il de-
meure toûjours chargé de l'obligation de fatisfaire
aux demandes qu'on y a faites. Tant qu'il n'y ré-
pondra point, il juftifiera par fon filence ceux qu'il
déchire par fes écrits, parce qu'on verra bien qu'il ne
fe tait que par impuiffance, & que perfonne ne s'avifera de prendre fon filence pour un filence de retenue
& d'humilité. Voici donc comme il debute.

AVER-

AVERTISSEMENT
DU
PERE BOUHOURS

Sous le nom d'un de ſes amis,
ſur la nouvelle edition de
ſa Lettre.

Pere Bouhours.

LEs Janſeniſtes en imputant aux Jeſuites la nouvelle héréſie du peché Philoſophique, n'ont
pû s'empêcher de répandre dans leur écrit les
principes de l'héréſie de Janſenius.

Réponſe.

Si cela eſt vray, les principes n'y peuvent être ré-
pandus que par des paroles, & ces paroles ne ſont, ni
en Arabe ni en Chinois. Pourquoy donc ne les
pas rapporter, ſur tout aprés qu'on l'en a defié dans
la Recrimination méme; comme on l'en defie encore à la face de toute la terre ?

Pere Bouhours.

Pour toute réponſe au libelle on a jugé à propos
de faire reparoître la lettre à un Seigneur de la Cour,
qui parut il y a vingt ans lors qu'il fallut convaincre
les Janſeniſtes d'héréſie.

Réponſe.

Ce bon Pere toûjours plein de lui même & enflé
de l'eſtime de ſa lettre, la regarde comme le ſalut du
Moliniſme, & comme la terreur du Janſeniſme pre-

ten-

tendu. Sans lui tout languiſſoit, & les combatans perdoient courage. C'eſt juſtement la mouche dela fable qui pretend animer par ſon bourdonnement les chevaux qui tiroient le coche.

Les Petaus, les Martinons, les Annats, les Ferriers, les Déchamps, ces grands heros de la ſocieté n'y entendoient rien. Ils n'ont été que les précurſeurs du Pere Bouhours. Ils n'ont fait que préparer la voye à ce grand Theologien : & lors qu'enfin le temps fut venu qu'il devoit paroître pour convaincre les Janſeniſtes d'héréſie, *grandis Epiſtola venit à capreis*, cette lettre fulminante n'a eu qu'a ſe montrer, & tout a plié, tout a fuy devant elle. Le Janſeniſme, & les Janſeniſtes ont diſparu. C'eſt ce qui ſe trouva vray au pied de la lettre : car à peine ce champion eut-il paru ſur les rangs pour combatre les Janſeniſtes, que toute la terre reconnut qu'il ny en avoit jamais eu au monde : pluſieurs grands Evéques ayant fait voir au Pape & au Roy que ceux que l'on avoit ſi fort decriez ſous ce nom, n'avoient jamais eu qu'une ſincere ſoûmiſſion pour les déciſions de l'Egliſe ; qu'ils avoient toûjours condamné toutes les erreurs des cinq propoſitions ; & que tout ce tintamare que les Jeſuites avoient excité dans l'Egliſe, n'étoit qu'un effet de leur cabale, de leur envie & de leur vengeance. Ainſi la paix fut rétablie dans l'Egliſe ſans leur participation, & contre leur gré.

Pere Bouhours.

Comme ils ne diſent rien de nouveau pour ſe défendre du nom & de la qualité d'hérétiques, ce ſeroit une depenſe inutile de compoſer une piece nouvelle ſur ce ſujet.

Réponſe.

Je né ſçay pourquoy il craint tant la dépenſe. s'il avoit voulu entrer en matiere, il pouvoit ſans
crain-

craindre les redites dire tout ce qu'il auroit voulu, puisqu'il n'a pas dit dans sa Lettre un seul mot de ce qu'il y falloit dire pour aller au but. Ainsi la piece nouvelle de ce Theologien auroit été vraiment nouvelle. Il n'avoit qu'une chose à faire. C'étoit de bien prouver que ses adversaires enseignent en termes formels telle & telle doctrine, & que cette doctrine a été declarée hérétique par tels Papes & tels Conciles. C'étoit l'unique moyen de se laver du crime de calomnie, & c'eût été pour luy une nouveauté aussi glorieuse, s'il en étoit venu à bout, qu'il est avantageux à ses adversaires de n'avoir rien de nouveau à dire pour se défendre du nom & de la qualité d'hérétiques; parce qu'ils ont dit cent fois, que tous leurs sentimens sur les questions contestées se réduisent à la doctrine de la predestination gratuite & de la grace efficace par elle même : ce que les Jesuites n'ont jamais pû raisonnablement contredire une seule fois, & c'est pourtant ce qu'il falloit combatre. Et parce que le Pere Bouhours ne l'a pas fait, il a beau vouloir que sa vieille Lettre devienne une piece nouvelle en paroissant de nouveau dans le monde, il n'y réussira jamais.

Pere Bouhours.

A quoy bon changer de réponse, puisque Monsieur Arnauld n'a changé ni de doctrine ni de conduite? Il est aujourd'huy ce qu'il a toûjours été, & l'âge ne l'a fait que confirmer dans ses premieres erreurs.

Réponse.

C'est un prejugé bien favorable pour Monsieur Arnauld de ce que de l'aveu de son adversaire il n'a jamais changé ni de doctrine ni de conduite : car c'est un des caracteres de la verité & de la sages-

se

ſe de n'être point ſujettes aux variations & aux incertitudes que nous voyons ordinairement dans les hérétiques, qui tantôt s'attachent à un dogme, tantôt l'abandonnent & changent de langage ſelon les interêts du parti. Tout ce qui varie, dit un grand Prelat, tout ce qui ſe charge de termes douteux & enveloppez, a toûjours paru ſuſpect, & non ſeulement frauduleux, mais encore abſolument faux : parce qu'il marque un embarras que la verité ne connoît point. C'eſt ce que Monſieur Arnauld n'a auſſi jamais connu.

Or pour renverſer ce prejugé ſi favorable, il ne ſuffit pas de parler en l'air & ſans preuves de ſes pretenduës premieres erreurs, il faut produire des témoignages irreprochables : & c'eſt ce qu'on eſt aſſeuré que le Pere Bouhours ne ſçauroit faire. Si les deux points de la doctrine de Saint Auguſtin touchant la grace efficace & la predeſtination gratuite, que Monſieur Arnauld ſoûtint en Sorbonne l'an 1636. en preſence de l'Aſſemblée generale du Clergé de France quatre ans avant le livre de Janſenius, & qu'il avoit appriſe immediatement de Saint Auguſtin, ſont ſes premieres erreurs, on avoüe qu'il y a toûjours perſeveré & que l'âge n'a fair que l'y affermir. Si c'eſt là ce que les Jeſuites appellent en luy Janſeniſme, il y a ſujet de croire qu'il mourra Janſeniſte.

Pere Bouhours.

A la verité l'auteur de la Lettre penſoit d'abord à faire une replique dans les formes. Ses amis l'en ont diſſuadé ; & comme il n'eſt pas Janſeniſte, ils n'ont pas eu de peine à luy faire entendre raiſon. Il a aiſément conçu que ſa Lettre en diſoit aſſez, & que pour battre un vieil hérétique, on ne devoit pas chercher d'autres armes que celles dont on l'avoit déja battu.

Réponse.

Fanfaron ! Toûjours plein de ſes proüeſſes ima-
ginaires , auſſi vain quand il étale aux yeux du
monde ſes victoires chimeriques , que quand il
fait le fier & veut paroître tout prêt à reprendre
les armes par une replique dans les formes. Cet
homme qui durant vingt-deux ars n'a pas eu le
mot à repliquer ſur des faits & des hiſtoires qui
étoient plus de ſa portée , nous veut faire croire
qu'il étoit prêt à faire une replique dans les formes
ſur une matiere qui eſt ſi fort au deſſus de luy.
Tout ce qu'il a fait , c'eſt qu'aprés quatorze ou
quinze ans voyant que ceux qu'il craignoit , avoient diſparu du champ de bataille , il fit r'imprimer
ſa Lettre bien-aimée parmi d'autres opuſcules;
c'eſt-à-dire, que ce faux brave ne voyant plus
l'ennemi qui l'avoit ſi bien battu , ſe releva , &
crut ſe bien vanger en luy diſant des injures qu'il
n'entendoit pas. Aprés cela il a bonne grâce de ſe
faire tenir à quatre par ſes amis, & de nous van-
ter ſa docilité à leurs conſeils. Rien n'eſt plus
aiſé que d'entendre raiſon quand on a peur d'être
battu.

C'eſt ſans doute ce qui luy a fait ſi aiſément concevoir que ſa Lettre en diſoit aſſez : car il a prevû
qu'une nouvelle piece luy attireroit une nouvelle réponſe ? & qu'au contraire il n'y auroit rien
à repliquer à une Lettre déja refutée en tant de
manieres il y a vingt-deux ans.

Mais on eſt un peu en peine pourquoy il n'a pas
dit un mot ſur la troiſiéme Denonciation qui parut à peu prés en même tems que la Recrimination,
& où l'on refute pied à pied ſa premiere Lettre
ſur le peché Philoſophique. C'eſt bien mal ſoûte-
nir l'honneur de la Compagnie qui luy avoit été
confié , que de laiſſer mettre en poudre , ſans rien

A 6

dire,

dire , ce qu'il avoit fait pour la défendre. C'eſt faire bien peu de cas de ſon honneur particulier , ou faire croire qu'il n'en a guere à perdre, que de ne ſe pas mettre en peine de vanger ſa precieuſe Lettre à un Seigneur de la Cour des coups mortels qu'on lui a portez dans cette troiſiéme Denonciation, qui en attaque une partie fort conſiderable. Car je ſuis fort trompé ſi l'idée que cet échantillon fait concevoir de toute la piece en donne une fort avantageuſe de l'eſprit, du jugement, & de la conſcience de l'auteur.

Mais ſerieuſement c'eſt paſſer condamnation à la veuë de toute la terre ſur le crime de calomnie, & s'en declarer lui même convaincu, que de ne dire mot ſur le reproche public qu'on lui vient de faire tout de nouveau d'avoir avancé dans cette ancienne Lettre , contre un celebre Archevêque & contre un grand nombre de tres-pieux Eccleſiaſtiques, trois des plus malignes & des plus atroces calomnies que l'envie même puiſſe forger. Car aprés avoir reconnu que ſelon les principes des Caſuiſtes même les plus relâchez, on doit reparation d'honneur à ceux que l'on a calomniez, il faut qu'il parle , ou pour retracter les trois horribles accuſations , ou pour en apporter des preuves authentiques.

Monſieur Arnauld n'auroit pas moins de droit de l'obliger à declarer hautement ce qui lui donne la hardieſſe de l'appeller un viel hérétique : car les deux fondemens qu'il en a alleguez dans ſa Lettre ayant été renverſez par la Refutation imprimée auſſi-tôt aprés, c'eſt à lui ou de les rélever, ou d'en chercher de meilleures. Ce Pere penſe-t-il donc qu'on l'en croira ſur ſa parole? Non, il ne le croit pas: mais l'aſſurance de l'impunité fait qu'il s'abandonne avec plaiſir à ſa paſſion de calomnier ceux dont il ne peut ſe vanger d'une autre ſorte, & à qui le credit de ſa Compagnie a fermé les avenuës de tous les tribunaux. Certes c'eſt la

honte

honte de nôtre siecle, qu'on ne puisse pas avoir la liberté de demander justice contre un calomnia-teur aussi outré que celui-la : & ce n'est pas un grand honneur aux Magistrats & aux Juges de police de souffrir qu'on imprime dans Paris, en abusant d'un privilege obtenu par surprise de Sa Majesté en 1682. des outrages de cette nature contre un Do-cteur tres-catholique, qui a servi l'Eglise toute sa vie en plusieurs manieres ; qui a défendu nos plus saints mysteres contre les ennemis de nôtre foy ; qui n'a jamais été convaincu d'aucune erreur ; qui est dans la communion de l'Eglise & du saint Siege ; que plusieurs Papes ont honoré des témoignages de leur estime ; & que Rome vient d'écouter si favo-rablement dans les Denonciations des deux erreurs dans la foy qu'elle a condamnés par son Decret du 14. Août dernier, contre les Theses si fameuses des Jesuites de Dijon & de Pontamousson. Mais ce seroit perdre le temps de se mettre en peine de justifier Monsieur Arnauld ; on est asseuré qu'a Rome même où les Jesuites l'ont autrefois calom-nié tout à leur aise, il est aujourd'hui regardé comme un Docteur dont la foy est tres-pure. Il n'y aura point d'Evêques habiles ni d'honnêtes gens qui n'ayent de l'indignation de l'insolence & de l'emportement de ce Jesuite : & Monsieur Ar-nauld sera peut être le seul qui n'en sera point ému, & qui n'aura que de la compassion pour l'égarement de cet homme : car il sçait il y a long-temps qu'on ne peut manquer d'être traité d'hérétiques par les Jesuites quand on est assez hardi pour découvrir à l'Eglise & au public les erreurs de leur doctrine, ou les égaremens de leur conduite. Il y a prés de cent ans que son pere, quelque catholique qu'il fût devant Dieu & devant les hommes, étoit Cal-viniste dans les écrits du Pere Scribani & des autres Jesuites, pour avoir seulement osé plaider contre eux en faveur de l'Université de Paris. Le fils n'a pas dû s'attendre à un traitement plus equitable,

des

dés le moment qu'ils l'ont foupçonné d'être celui qui a pris la plume pour dénoncer aux Puiſſances qui gouvernent l'Egliſe l'erreur monſtreuſe du peché Philoſophique publiquement enſeignée dans leur Ecole de Dijon & dans pluſieurs autres de leur Societé. Depuis cé temps-là ils lui ont de nouveau declaré une cruelle guerre. Toutes les plumes & toutes les langues de la Compagnie ont été armées contre lui : & tout ce qu'on peut vomir de plus groſſes injures contre un hérétique & contre un rebelle, eſt employé contre ce Docteur dans les Ecrits dans les Ecoles, & même dans les Egliſes des Jeſuites : car ces azyles ſacrez où les plus grands ſcelerats ne ſont que trop ſouvent à couvert des pourſuites de la Juſtice ne ſont pas aſſez ſacrez pour arréter la vengeance & la fureur de ces implacables perſecuteurs d'un Docteur catholique.

Il eſt aiſé de juger de là qu'ils ſont bien éloignez de l'épargner dans les lieux où ils ne peuvent être retenu, ni par le reſpect de leur conſecration, ni par la preſence de ce que la religion a de plus ſaint & de plus venerable. Nous en avons un exemplé tout recent dans un diſcours public, ou une eſpece de harangue, qu'ils ont fait prononcer cette année par trois differentes fois dans leur College de Clermont en Auvergne, à l'ouverture de leurs Theſes de Theologie, auſquelles preſidoit leur Pere Pugean. Voicy le commencement de ce beau diſcours dont on a des copies tres-fidelles. „ Vous avez ſans dou-„ te, Meſſieurs, entendu parler du peché Philo-„ ſophique. * Vous avez même peut-être ſû le li-„ belle qui a été écrit depuis peu par l'Ennemy le „ plus outré des Jeſuites, celebre non tant par ſon „ eſprit

* Audiſtis haud dubié aliquid de peccato Philoſophico, viri doctiſſimi. Legiſtes etiam forté libellum illum quem nuper ſcripſiſſe dicitur Jeſuitarum hoſtis infenſiſſimus, non tam ingenio atque doctrina, quàm pervicacia, odio ac perduellione in Regem, regnum, & Eccleſiam percelebris.

,, efprit & fa doctrine , que par fon opiniâtreté ,
,, fa haine, & fa rebellion contre le Roy , contre
,, l'Etat & contre l'Eglife. Je ne rapporte point ces
outrages pour les refuter: car quelle rebellion peut on
reprocher à Monfieur Arnauld ou contre le Roi ou
contre l'Etat , lui qui ne s'eft jamais mêlé des affaires
de l'Etat? On fçait même qu'il n'a jamais rien écrit
qui ait rapport à la politique, que pour établir de
plus en plus fur les principes de la religion, le droit
de la fouveraineté & de la majefté des Rois contre les
pretentions feditieufes des Calviniftes , & puifqu'il
faut tout dire , contre les pernicieux fentimens d'un
fi grand nombre d'auteurs fameux entre les Jefuites,
que je les défie de le nier , bien affeuré qu'ils n'ofe-
roient, s'ils ne veulent être accablez fur le champ
d'une nuée de citations de leurs propres ouvrages.

Pere Bouhours.

Au refte quoique la Lettre n'ait été écrite qu'à
l'occafion du Nouveau Teftament de Mons , qui
femble n'avoir aucune liaifon avec la Recrimination des Jefuites, elle a neantmoins par là même
un rapport naturel à la queftion prefente dont tout
le but eft de fçavoir s'il y a des Janfeniftes au monde,
& fi c'eft une injure frivole , ou une verité ferieufe ,
d'appeller hérétiques ces Meffieurs , qui s'avifent
maintenant d'accufer les Jefuites d'héréfie.

Rèponfe.

Qui n'admirera ou plûtôt qui comprendra ce
raifonnement qu'une Lettre qui femble n'avoir aucune liaifon avec la Recrimination des Jefuites, a
neantmoins par là même un rapport naturel à la
queftion prefente dont tout le but eft de fçavoir s'il
y a des Janfeniftes au monde ? J'aimerois autant
dire que plus un écrivain s'éloigne de fon fujet,
plus il s'en approche ; que le meilleur moyen d'ar-
river

river au but c'eft d'y tourner le dos ; & que n'avoir aucune liaifon à une matiere & y avoir un rapport naturel eft la même chofe dans le Dictionaire de nôtre Ecrivain. Il faut être l'auteur des penfées ingenieufes pour en avoir d'auffi rares. Mais enfin il falloit parer à une objection qu'il a bien vû qui fautoit aux yeux ; & il n'a point trouvé d'autre porte pour en fortir, que celle du galimathias. Il fe plaint de ce que ces Meffieurs s'avifent maintenant d'accufer les Jefuites d'héréfie. Mais de quoi s'avife-t-il luy-même de leur faire ce reproche ? Eft-ce qu'il veut faire croire que jufques à prefent leur doctrine a été tellement hors d'atteinte, que parmi le grand mombre d'ennemis qu'ils ont eu, il ne s'en eft jamais trouvé qui ayent ofé jufqu'à maintenant les accufer d'aucune erreur ? A-t-il donc oublié que les Dominicains dés la fin du dernier fiecle les accuferent de Pelagianifme ou de Semipelagianifme, & que leurs accufations furent trouvées juftes par la Congregation *de Auxiliis*, autorifée par deux Papes ? Eft ce qu'il ne fe fouvient plus do combien d'erreurs & d'héréfies dans la Morale ils ont été accufez par une grande partie de Curez de France ; & que les cenfures des Papes, des Evêques & des Univerfitez ont fait voir que ce n'avoit pas été fans raifon ? Cependant il faut remarquer que quelques erreurs qu'on ait crû avoir trouvées dans leur doctrine, on ne les a point appellé hérétiques, car des Theologiens particuliers peuvent remarquer & denoncer à l'Eglife les erreurs qu'ils trouvent dans les Ecrivains dont les ouvrages font publics ; mais ce n'eft qu'aprés la condamnation de l'Eglife & l'opiniâtreté de ceux qu'elle a condamnez, qu'on a droit de les traiter d'hérétiques.

Enfin ce qui eft plus étrange eft le peu de jugement qu'il témoigne dans cette plainte, qu'on s'avife maintenant de les accufer d'héréfie : car il parle ainfi à l'occafion de la denonciation de la Nouvelle héréfie du peché Philofophique, & cependant lui

lui même est demeuré d'accord dans sa premiere
Letttre que ce qui en est dit dans la These de Dijon
(qui est uniquement ce qu'on a denoncé à l'Eglise)
étant consideré dans la These même sans rapport
aux écrits du Professeur est une hérésie & une impieté execrable. Monsieur l'Evêque de Langres qui
à Dijon dans son Diocese, a crû devoir faire connoître au public par un Mandement exprés, qu'il
avoit appris par les Jesuites mêmes de vive voix &
par écrit, qu'ils blâmoient & condamnoient les
propositions de ces Theses retractées par le Professeur même. Et nonobstant tout cela le Pere Bouhours & aprés lui de Pere Pugean, & plusieurs autres Jesuites, crient à la calomnie contre le Denonciateur, comme s'il avoit imposé à leur Professeur
de Dijon en lui attribuant l'hérésie du peché Philosophique. ,, Ce Docteur, disent les Jesuites d'Au-
,, vergne, ment trés impudemment quand il accu-
,, se un Jesuite du College de Dijon en Bourgogne
,, d'avoir enseigné qu'il y a beaucoup de pechez Phi-
,, losophiques qui ne meritent pas d'étre punis de la
,, peine de l'enfer, quoique tres griefs: *Mentitur*
ille impudentissimè, Jesuitam in Collegio Divio-
nensi apud Burgundos docuisse multa peccata Philo-
sophica pœnâ inferni non punienda. N'avoir que des
invectives de cette sorte à répondre à des demon-
strations aussi claires que le jour, telles que sont
celles du Denonciateur, c'est publier à son de trompe que l'on est poussé à bout & que l'on n'a plus
rien à dire: & un humble silence seroit un parti
bien plus glorieux à des Religieux & à des Prêtres
que celui d'une vengeance si foible & si honteuse.

Pere Bouhours.

Jansenius croyoit avoir assez fait de mettre Saint
Augustin dans son parti. Ce n'est point assez pour
Monsieur Arnauld; il a de plus grandes veuës: il
pretend par la traduction de Mons engager, si on
l'ose

l'ose dire, J E S U S - C H R I S T même dans les interêts de Janfenius, ou du moins perfuader aux fidelles que le Janfenifme eft la pure doctrine de l'Evangile.

Rèponfe.

Que Janfenius ait mis Saint Auguftin dans fon parti, comme cet homme femble en tomber d'accord, ce n'eft point mon affaire : il n'eft point ici queftion de ce Prelat. Et quant à la traduction de Mons, il n'ignore pas que les Maimbourgs, les Mallets, & plufieurs autres aventuriers qui ont entrepris de faire voir des erreurs dans ce Livre, n'en ont jamais reçu que de la confufion. Mais il doit reconnoître de plus que Rome a juftifié cette verfion de tout foupçon d'erreur par la maniere dont elle l'a prohibée : car l'ayant fait examiner avec tout le foiu poffible, à ce que dit le Bref par les perfonnes les plus hahiles, & n'ayant comme on fçait, nulle envie d'épargner ni la traduction ni les traducteurs, contre qui les Jefuites avoient en ce tems-là fort irrité la Cour de Rome, on peut bien croire que ce qu'on y a fait contre cet ouvrage, eft tout ce qu'on y a pu faire ; & que fi on n'y a condamné aucune erreur, c'eft qu'on n'y en a pu trouver aûcune. Or certainement le Bref n'y a condamné aucune erreur ; mais il a fimplement défendu la lecture & le debit du Livre . 1. Comme *temeraire* ; parce que comme le pretendent les Thcologiens d'Italie, & comme l'explique un Prelàt oppofé alors à cette traduction : c'eft une temerité à des particuliers d'entreprendre une verfion du Nouveau Teftament, & que cela ne fe doit faire que par l'autorité du Pape & des Evêques. 2. Comme *dommageable* : ce qu'on n'entend pas trop bien, & qui ne peut que marquer en general certains inconveniens que l'on craint de toutes les verfions en lan-

langue vulgaire. 3. Comme *n'étant pas conforme à la Vulgate* : ce qui ne concerne que quelques endroits où on a preferé le Grec au Latin, comme ont fait Monſieur de Maroles, le Pere Veron, le Pere Amelotte & Monſieur l'Evêque de Vence : ſur qui auſſi par conſequent tombe la Cenſure de Rome. 4. Enfin comme *contenant des choſes qui peuvent bleſſer les perſonnes ſimples* : ce qui eſt commun à toutes les verſions & à l'original même. Il n'y a donc point d'erreur dans cette verſion de l'aveu des Cenſeurs Romains les plus habiles & les plus rigoureux. Que s'il n'y en a point; ce Jeſuite ne ſçait ce qu'il dit, quand il veut prouver par cette traduction qu'il y a des Janſeniſtes au monde, & que ceux qu'il veut noircir par ce nom ſont hérétiques. Il trahit ſans y penſer ſa propre cauſe, fait tout le contraire de ce qu'il vouloit faire, & contre ſon deſſein il perſuade aux fidelles que le Janſeniſme eſt la pure doctrine de l'Evangile. Car s'il eſt vray qu'il n'y a point d'erreur dans cette verſion; il eſt vray par conſequent qu'on y a conſervé la pure doctrine de l'Evangile. Et ſi le Janſeniſme ſe trouve dans une verſion du Nouveau Teſtament, où il n'y a point d'erreurs, mais qui contient la pure doctrine de l'Evangile; je laiſſe au Reverend Pere à tirer la conſequence.

Pere Bouhours.

Quoiqu'il en ſoit; comme l'auteur de la Recrimination des Jeſuites ſoûtient encore que le Janſeniſme eſt un phantôme, la Lettre fait voir qu'il y a eu des Janſeniſtes declarez; que leur doctrine a été condamnée plus d'une fois, qu'ils n'en ont fait aucune abjuration dont l'Egliſe fût ſatisfaite : auſſi l'ont-ils renouvellée dans tous leurs Livres; & tout de nouveau ils ont bien voulu nous apprendre eux-mêmes qu'ils n'avoient pas changé de ſentiment.

Répon-

Réponse.

Ils n'ont fait aucune abjuration ; parce qu'en effet ils n'avoient aucune erreur à abjurer : mais il est tres-faux que l'Eglife n'ait pas été fatisfaite d'eux, puifqu'il n'y a aucune marque qu'elle ne leur ait donnée par le moyen de toutes les Puiffances Ecclefiaftiques & Seculieres, dés que les nuages dont la calomnie avoit couvert leur innocence eurent été diffipez par la declaration de leurs fentimens, que les Evêques envoyerent au Pape de leur part & qui fut examinée à deux diverfes fois par tout ce qu'il y avoit à Rome de plus éclairé, la premiere fois au mois de Septembre 1668. & la feconde aux mois de Decembre & de Janvier fuivans.

Pour foûtenir auffi effrontément qu'il le fait contre fa confcience, que l'Eglife n'a pas été fatisfaite de ce Theologien, il faut non feulement qu'il fe foucie peu de mentir, mais encore qu'il ofe dementir le Pape, le Roy, les Evêques, & tous les monumens les plus authentiques qui ont été laiffez à la pofterité pour un témoignage éternel de la fatisfaction generale que toute l'Eglife eut alors de la paix de celle de France, des Evêques qui y avoient travaillé, & de tous ceux que les Jefuites avoient broüillez avec les Puiffances pour leurs interêts particuliers. Car les deux Brefs du Pape Clement IX. du 19. Janvier 1669. l'un aux quatre Evêques, & l'autre à Monfieur le Cardinal d'Eftrées alors Evêque de Laon ; à feu Monfieur l'Archevêque de Sens, & à feu Monfieur l'Evêque de Chaalons fur Marne, ne parlent d'autre chofe que de la joie pleine & de l'entiere fatisfaction de ce Pape à l'égard des quatre Evêques, qui avoient fait leur propre caufe de celle de Monfieur Arnauld & des autres Theologiens.

Il faut qu'il démente encore le témoignage du Roy, qui dans sa Lettre du 27. Octobre 1668. à M. l'Evêque d'Alet declare que le Pape étoit entierement satisfait. Comme je ne sçais si cette Lettre a jamais été imprimée toute entiere, il est bon à tout hazard de la mettre ici.

LETTRE DU ROY
à feu Monsieur l'Evêque d'Alet sur la paix de l'Eglise.

MONSIEUR l'*Evêque d'Alet*, pour répondre à la lettre que vous m'avez écrite l'onziéme du mois passé, je vous diray que j'eus dés lors extremement agreables les assurances que vous me donniez d'avoir déja fait ce qui pouvoit dépendre de vous pour le rétablissement de la paix de l'Eglise ; mais que ma joie la-dessus a été complette quand j'ay appris depuis par un Bref que m'a écrit nôtre S. P. le Pape & de la vive voix aussi de son Nonce, que sa Sainteté étoit plainement satisfaite de vous sur le sujet de la signature du Formulaire : & qu'ainsi toutes les divisions qui avoient depuis quelques années agité l'Eglise de France, ont été terminées. Je m'appliqueray maintenant de tout mon pouvoir, suivant la requisition tres-puissante que m'en a faite sa sainteté à empêcher que les divisions ne puissent renaître par de nouvelles

velles contentions fur les mêmes matieres.
A quoy je me promets que vous concoure-
rez volontiers & puiffamment de vôtre
part , & par le motif de vôtre ze-
le pour la paix & pour celui de l'affe-
ction que je fçais que vous avez toûjours
pour ce qui me peut plaire. Cependant vous
pouvez être affuré que j'y correfpons de ma
part avec toute la bonne volonté pour vô-
tre perfonne que vous-même pouvez fouhai-
ter , & avec beaucoup d'eftime de vôtre
vertu & de vôtre merite. Sur ce je prie
Dieu qu'il vous ait , Monfieur l'Evêque
d'Alet en fa fainte garde ,

LOUYS.

A S. Germain en Laye le 27.
    Octobre 1668.

De Lyonne.

La Medaille que Sa Majefté fit frapper , & qui a été auffi gravée en memoire du rétabliffement de la paix, fervira à la pofterité d'une atteftation ir-recufable de la fatisfaction que le Pere Bouhours fait femblant d'ignorer, ou plûtôt qu'il combat de gayeté de cœur, pour avoir le plaifir de traiter d'hérétiques ceux qui font plus attachez que lui à la foy de l'Eglife, & pour effacer s'il pouvoit la memoire d'une paix dont les Jefuites n'ont jamais été contens ; parce qu'elle avoit été faite fans eux, & qu'elle renverfoit tous leurs projets. Et c'eft peut-être ce qui lui fait dire que l'Eglife n'a point été fa-tisfaite de ces Theologiens, parce qu'il confidere la Societé comme la plus illuftre & la plus neceffaire partie de l'Eglife.

On pourroit aifément produire cent autres té-moigna-

moignages de la satisfaction parfaite & universelle qui éclata alors de toutes parts en faveur de Monsieur Arnauld & de ses amis : mais les Jesuites en sçavent plus qu'il n'en faut pour en être convaincus, quand ils ne voudront pas être rebelles à la lumiere : & ils en trouveront encore plusieurs autres dans le livre qui a pour titre, *le Phantôme du Jansenisme,* que le Pere Bouhours devoit refuter avant que d'entreprendre de persuader qu'il y a dans le monde un Jansenisme & des Jansenistes effectifs.

Mais si on veut un témoignage de la sincerité des Jesuites sur ce sujet, on n'a qu'à considerer que selon les differens interêts qu'ils ont en écrivant, ou ils soûtiennent, ou ils nient, que leurs adversaires ayent donné une declaration dont l'Eglise ait été satisfaite. Quand ils veulent qu'ils soient hérétiques, ils le nient comme fait ici le Pere Bouhours. Quand ils veulent faire croire au monde qu'ils en ont triomphé, & qu'ils les ont enfin forcez à acheter la paix par une retractation de tout ce qu'ils avoient écrit durant les contestations, ils produisent les deux Brefs de Clement IX. en leur donnant tel sens qu'il leur plaît : & c'est pour cela qu'ils les ont mis dans le petit Recueil qu'ils ont fait imprimer sous ce titre : *Constitutiones & Decreta apostolica, &c. Coloniæ Agrippinæ* 1679.

Mais peut-il soûtenir que l'Eglise n'a pas été *pleinement satisfaite* de la foy de ces Theologiens, sans faire tenir au Pape & aux Evêques une conduite indigne de leur caractere & de la fidelité qu'ils doivent à Dieu & à l'Eglise ; puisqu'en continuant leur communion à Monsieur Arnauld & à ses amis, en les employant dans toutes les charges & fonctions Ecclesiastiques ; en les laissant approcher des saints Autels, ils auroient été prevaricateurs de leur ministere s'ils les avoient crû hérétiques. Monsieur de Perefixe Archevêque de Paris, à qui les Jesuites ont tant d'obligations, n'en sera pas excepté ; puisqu'on peut voir dans *le Phantôme*

du

du Janfenifme & ailleurs la requête à lui prefentée par Monfieur Dorat Curé de Mafli & Docteur de Sorbonne , avec fa declaration & fa foûmiffion aux Bulles, conforme à celle des quatre Evêques ; & enfuite la Sentence par laquelle ce Prelat le rétablit dans toutes fes fonctions. Car, ou il a trahi l'Eglife en confiant fes brebis à un hérétique, ou il fuffit pour ne l'être pas fur cette matiere de rendre aux conftitutions *la même foûmiffion que nous fçavons,* dit cet Archevêque, *avoir été renduë aufdites Conftitutions par M M. les Evêques d'Alet, d'Angers, de Pamiez & de Beauvais; & reçuë de N. S. Pere le Pape,* & que ce Prelat reçut pareillement de ce Docteur *en fuivant,* comme il le dit, *l'exemple de Sa Sainteté.*

Que fi l'Eglife fut alors pleinement fatisfaite, elle a fujet de l'être encore aujourd'hui, comme elle l'eft en effet, puifqu'il n'eft arrivé aucun changement de la part de ces Theologiens, quelques efforts qu'ayent fait les Jefuîtes, & par leurs libelles & par leurs caballes & par leurs perfecutions, pour rompre la paix : & c'eft en demeurant inviolablement attachez à la doctrine de Saint Auguftin & de Saint Thomas & fincerement foûmis aux decifions de l'Eglife & du faint Siege, *que tout de nouveau ils ont bien voulu apprendre eux mêmes à tout le monde qu'ils n'avoient pas changé de fentiment.* Le Janfenifme eft donc un Phantôme : & dire, comme fait cet auteur, que fa Lettre fait voir qu'il y a eu des Janfeniftes declarez, & que leur doctrine a été condamnée plus d'une fois, ce ne fera rien dire du tout, tant qu'on ne prouvera pas qu'ils foûtiennent les erreurs des cinq propofitions : ce que leur declaration feule empêche qu'on ne puiffe dire avec la moindre couleur.

Pere Bouhours.

Aprés cela eft-ce une médifance ou une recrimination

nation de soûtenir qu'ils ont toûjours été hérétiques ? On peut au moins dire hardiment, que pour
des chefs de parti, c'est manquer d'habileté de ne
pouvoir attaquer une héréfie imaginaire fans en établir une réelle ; ni faire une fauffe accufation fans
s'attirer de vrais reproches.

Réponfe.

Cet *aprés cela* est bon ! Je me fouviens toûjours
de nôtre mouche.

> *Aprés bien du travail le coche arrive au*
> *haut.*
> *Refpirons maintenant, dit la mouche auffi-*
> *tôt.*
> *J'ay tant fait que nos gens font enfin dans*
> *la plaine.*

Apre's cela, c'eft-à-dire, qu'aprés avoir dit
beaucoup de fotifes en peu de mots, & ne s'être pas
approché de cent lieuës de fon fujet, il s'imagine
avoir fait cent demonftrations pour prouver que
les gens ont toûjours été hérétiques. S'il n'en faut
pas davantage pour fe mettre hors d'haleine & pour
l'épuifer, je lui confeille de renoncer au métier.
Cependant il avoit befoin de cet *aprés cela*, pour
raffurer fa confcience troublée par de cruels remords qui lui reprochoient fes calomnies : car a-
prés cette nuée imaginaire de témoins & de preuves,
fa recrimination lui paroît innocente & fa médifance
meritoire.

Pere Bouhours.

Mais ce n'eft pas là ce qui embarraffe ces Meffieurs. Au fond ils ne font point trop fâchez d'être
hérétiques : par là ils font parler d'eux.

Réponse.

Il faut avoir le cœur bien corrumpu, pour p
voir s'imaginer dans celui de son prochain une c
ruption si desesperée : & il n'y a qu'un homme ép
duëment amoureux de l'estime du monde qui pi
se concevoir que d'autres par un dessein formé ve
lussent acheter, au prix de leur foy & de leur sal
une vaine reputation, ou plûtot le sot plaisir de i
re parler de soy en bien ou en mal. On auroit pe
à croire si on ne le voyoit, que la haine & la passi
de décrier des gens qu'on veut perdre de reputati
pût aller jusqu'à un tel excés : & il faudroit po
être capable de la corruption dont parle ce Jesui
non seulement avoir le cœur corrumpu, mais av
perdu entierement l'esprit, ou avoir arraché
fond de son être le desir d'être heureux, & le se
ment naturel qui nous empêche de vouloir jam
être malheureux.

Cettte pensée du Pere Bouhours, qu'il a crû s
doute fort ingenieuse, est donc la pensée la p
faussè qu'il pût avancer ; & en même temps c'
la calomnie la plus noire & l'invention la plus d
bolique qui pût sortir de son esprit & de sa plur
Mais quand on pense que c'ést un Prêtre & un F
ligieux, qui avoué de ses Superieurs enfante de t
les pensées, & répand de telles calomnies con
des Prêtres & des Docteurs, qu'on n'a jamais
convaincre d'aucune erreur & qui font connoître
pureté de leur foy, même aux plus incredules, d
le même Ecrit qui a donné lieu à ces declamatic
furieuses ; on ne sçait plus où l'on en est. Cert
nement on ne peut regarder qu'avec frayeur un
abandonnement, qui pourroit bien être la pu
tion de l'nfidelité d'un Ministre de Jesus-Chris
qui oubliant la double consecration de son état,
guere sacrifié son esprit & sa plume, qu'à la gal
terie & à la médisance.

Pere Bouhours.

Qui penferoit à Monfieur Arnauld, s'il eût penfé comme les autres?

Réponfe.

Quand il n'a pas penfé comme les autres, c'eft qu'il a mieux penfé qu'eux; & on ne voit pas bien par quelle loy ou par quelle autorité ce Jefuite voudroit qu'un homme d'efprit fe rendît toûjours l'efclave des penfées des autres hommes. *O imitatores fervum pecus!* Mais fur tout le joug feroit bien dur, fi on étoit condamné à ne penfer que comme le Pere Bouhours. Quand un efprit eft aufli borné que le fien, à la bonne heure qu'il fe contente de ramaffer *les penfées ingenieufes des anciens & des modernes.* Il eft aifé de penfer comme les autres, quand on n'eft que le copifte des autres, & on n'a pas donné une grande loüange à ce ramaffeur des anciens, quand on a dit de lui (fi ce n'eft pas lui-même qui l'a dit) qu'en les traduifant il penfe, il parle comme eux.

Mais quand un efprit excellent, vif, folide, fubtil, pénétrant, d'une élevation & d'une étenduë extraordinaire, s'eft fait un art de bien penfer fur toutes chofes en s'élevant au deffus des erreurs vulgaires par le bon ufage de fa raifon, par les régles folides du raifonnement, par de frequentes & de lumineufes reflexions; quand par la pénétration & la juftefle de fon efprit il eft capable de faire de nouvelles découvertes dans les fciences, d'en faciliter l'étude; de les rendre plus utiles par des methodes plus faciles & plus courtes; quand ne s'arrêtant pas aux vraifemblances, & ne fe laiffant pas emporter à des opinions qui n'ont rien qui les faffe croire vraies que le grand nombre de ceux qui les ont reçuës fans les examiner, & peut-être fans les

ch-

entendre, il cherche la verité par les régles du bon
sens & par des principes certains ; un tel homme
feroit tres-mal de penser toûjours comme les autres ;
puisqu'il rendroit par là inutile le talent qu'il auroit
reçu de Dieu, & dont il doit l'usage au public & à
l'Eglise.

Car en matiere de pensée, s'il y a une singularité
vicieuse, il y a aussi une singularité loüable. Il y a
des gens qui ne pensent jamais comme les autres ; parce qu'ils semblent avoir juré de ne se ren-
contrer jamais avec le sens commun ; & ils ne sont
des esprits singuliers que parce qu'ils sont extrava-
gans. Mais il y a des personnes qui ne pensent pas
comme les autres, parce qu'ils ont une trempe d'e-
sprit qui les distingue du commun des hommes &
qui les fait regarder comme des genies extraordinai-
res. Je suis fort trompé si le Pere Bouhours seroit
fâché d'en être, & si cette singularité ne lui plai-
roit pas : car il se tiendroit alors assuré qu'on penseroit à lui pour cela même qu'il ne penseroit pas,
comme les autres.

Je ne sçay s'il trouvera, par exemple, que ce
Monsieur Arnauld pense comme les autres dans la
Requête des Ecclesiastiques de * P. R. qu'il reconnoît être de lui ; mais il n'a pû s'empêcher d'a-
vouer qu'elle a fait penser à lui, *qu'elle a fait grand
bruit dans le monde ; qu'il y a de la politesse ; que
les choses y sont delicatement touchées* ; & il a été
forcé de reconnoître *qu'elle a eu les suffrages de ces
personnes que le monde regarde comme les Arbitres du
merite, & dont les Arrêts font la bonne ou la mauvaise fortune des ouvrages d'esprit.* Il tâche de s'en
consoler en supposant faussement qu'on avoit man-
dié ces suffrages, & il ne peut s'empêcher de s'irri-
ter contre le public, de ce qu'il *est prevenu,* dit il,
*il y a long temps en faveur de tous les ouvrages qui
viennent de ce côté là, & de ce qu'il laisse jouir pai-
sible-*

*siblement ces Messieurs de l'avantage que donnent
dans Paris ces reputations heureuses qui font valoir
les gens, & qui relevent le prix des choses bien au
dessus de ce qu'elles valent.*

Le Pere Bouhours nous dira peut-être que c'est
dans les matieres Theologiques que Monsieur Arnauld a affecté de ne pas penser comme les autres :
mais il faudroit premierement qu'il n'affectât
point lui-même de se servir de termes ambigus &
équivoques. Car, sans parler du mot de *penser*
qui signifie autre chose au commencement de cette ligne & autre chose à la fin ; ces *autres*, dont il
veut faire la régle des pensées de Monsieur Arnauld,
font un terme fort vague & fort indeterminé. Jamais personne n'a eu plus de soin de penser comme les autres dans les choses de la foy, si par *les
autres* on entend les écrivains sacrez, les Conciles,
& les Saints Peres ; & l'on peut dire qu'il n'a jamais rien avancé de cette nature, qu'il n'ait appuyé
de l'autorité des Ecritures saintes & de la Tradition. Que si par ces *autres* il entend quelques
Scholastiques modernes & les nouveaux Casuistes ;
il a pensé comme eux quand ils ont eux-mêmes
pensé comme l'Ecriture & les Saints Peres, & il ne
les a abandonnez que quand ils ont abandonné les régles & les principes veritables de la Theologie
de l'Eglise.

Pere Bouhours.

Leur chagrin vient d'ailleurs. En attribuant aux
Jesuites l'héréfie du peché Philosophique, ils en
attendoient une retractation fade ou quelque apologie ennuyeuse que personne ne voulût lire.

Réponse.

Quelle vanité ! S'imaginer qu'une douzaine de
lignes de sa façon est capable de donner du cha-

grin

grin à des Theologiens qui ont essuyé depuis près
de cinquante ans la décharge de la bile de toute la
Société entiere , & qui font gloire avec un grand
nombre d'Evêques , de Theologiens , de Religieux , & d'autres personnes de tous états , d'être
l'objet de la persecution des Jesuites , parce que c'est
pour la verité & pour la justice qu'ils la souffrent.

Peut-on assez admirer le goût du Pere Bouhours ?
Une retractation modeste & sincere, une humble &
cordiale reconnoissance pour un avis charitable ,
quelque desagreable qu'il pût être à l'orgueil humain , cela seroit bon pour des Chrêtiens vivans
selon l'Evangile : mais pour un Jesuite comme le
Pere Bouhours , une retractation est fade si elle n'est
assaisonnée de medisances ; une apologie est ennuyeuse à moins qu'on ne réveille le lecteur par la
pointe d'une calomnie outrée , & il auroit desespe-
ré de trouver quelqu'un qui voulût lire son écrit ,
s'il n'y eût répandu le faux sel d'une recrimination
aussi mal conçuë que mal fondée.

Bere Bouhours.

Ils croyoient avoir mis les Jesuites sur la défen-
sive ; & ils ne s'attendoient guere qu'à l'occasion
du simple desaveu d'une proposition Metaphysique
qui n'a rien de commun avec le fond de la Religion ,
on dût faire sentir au public la difference qu'il y a
entre de veritables Catholiques , qui soûmettent
de bonne foy tous leurs sentimens à l'Eglise , &
des hérétiques de profession qui se croyent plus in-
fallibles que l'Eglise même.

Réponse.

Toûjours charmé de son bien dire , il croit que
son jugement fait celui du public , & qu'il n'a qu'à
parler pour s'attirer une creance aveugle. On peut
l'assurer qu'il se trompe , & que tout ce qu'il a
fait :

fait connoître & *fentir au public*, eft que l'orgueil
de fa Compagnie s'eft trouvé fort embarraffé entre la neceflité de faire ceffer les plaintes & les reproches *de la Ville & de la Cour* fur le peché
Philofophique, & la honte d'en faire un defaveu
net & fincere.

De fçavoir à quoy s'attendoit le Denonciateur
dans cette occafion, c'eft ce qui eft difficile. On
voit affez ce qu'il devoit attendre des Jefuites, &
l'effet a fait voir, que s'ils ne changent, on fe
trompera toûjours, quand on attendra d'eux quelque chofe de fincere, de moderé, & de raifonna-
ble. On n'avoit point accufé la Societé de l'héréfie du peché Philofophique ; on ne l'avoit impu-
tée qu'au Profeffeur de Dijon : & elle fe feroit fait
beaucoup d'honneur & épargné bien de la confufion, fi elle s'étoit contentée de le defavoüer &
de condamner fon erreur. Mais cela auroit été
trop *fade* & trop *ennuyeux*. Il ne leur eût pas
été honorable de n'être que *fur la défenfive* & de
ne faire que parer. La bravoure de la Compagnie guerriere, & celle du Pere Bouhours principa-
lement, en auroient trop fouffert. Il falloit por-
ter des coups mortels à l'ennemi. *Ils ont* donc
éguifé leurs traits comme des langues de ferpens, &
ont preparé un venin d'afpic ; mais leurs coups font
des coups d'enfans, comme parle le Prophete
Roy *& leurs langues font devenuës impuiffantes*
contre leurs adverfaires.

Aprés la condamnation que Rome vient de prononcer, je laiffe à juger aux Evéques & à tous ceux
qui ont lû les écrits contre le peché Philofophique,
s'il eft vray que ce ne foit qu'une *héréfie imagi-*
naire & une propofition Metaphyfique qui n'ait
rien de commun avec le fond de la Religion ; &
comment cela s'acorde avec la deteftation que les
Jefuites mêmes en ont faite *devant toute la terre,*
comme d'une héréfie & d'une impieté execrable.

 Pere

Pere Bouhours.

Ils ont beau faire valoir leur ancienne profession de Foy & la produire sous le titre de *Nouvelle declaration des disciples de Saint Augustin, contenant l'exposition sincere de leur doctrine.* Sans entrer dans le détail de ce libelle, ce seul titre donne mauvaise opinion de tout l'ouvrage. Le nom specieux de disciples de Saint Augustin qu'ils ont dérobé eux Calvinistes & qu'ils preferent à celuy d'enfans de l'Eglise, est un artifice usé qui ne trompe plus. S'ils étoient les vrais disciples de Saint Augustin; ils mettroient comme luy toute leur gloire à respecter l'autorité de l'Eglise & à condamner leurs propres sentimens dés qu'elle ne les approuve pas.

Réponse.

On n'a rien à dire de la Nouvelle declaration des disciples de Saint Augustin. Tout le monde en est suffisamment informé, & on n'en croira pas nôtre Jesuite qui la méprise. Ce n'en est qu'un plus favorable prejugé pour cette declaration.

Si les Calvinistes se font appellez disciples de Saint Augustin, je n'en sçay rien, & j'en doute fort. Avoir tant de respect & d'attachement pour les Peres, ce n'est pas leur vice : mais comme certainement ils se font dit Chrétiens & disciples de JESUS-CHRIST, j'apprehende que ce nom ne fasse peur l'un de ces jours au Pere Bouhours, & qu'il ne luy prenne une delicatesse de conscience qui l'empêche de se dire Chrétien & disciple de JESUS-CHRIST, de crainte qu'on ne l'accuse d'avoir dérobé ce nom specieux aux Calvinistes.

Il est bon cependant de remarquer la malignité de cet Ecrivain contre Saint Augustin, qu'il ne peut souffrir que l'on regarde comme un des plus

excel-

excellens Maîtres de la Theologie Chrétienne. Mais en même tems il fait voir son ignorance, s'il croit qu'avant Calvin Saint Augustin n'a point eu de disciples, & s'il ne sçait pas que les plus grands Saints & les plus sçavans Theologiens depuis ce saint Docteur ont tous fait gloire de se dire ses disciples ; que Saint Prosper & Hilaire son compagnon ne sont connus dans l'Eglise que sous cette qualité ; & que le dernier luy écrit *en gemissant de se voir banni loin de la presence delicieuse de ce Maître qui les nourrissoit du lait salutaire de sa doctrine.* L'Eglise Romaine même dans les Capitules qui sont parmi les Decrets du Pape Celestin, veut parler, comme tout le monde en convient, de ce saint Docteur, quand dès le commencement elle nomme ses Maîtres ceux qui ont combatu l'héresie de Pelage, & ce Pape écrit aux Evêques des Gaules en ces termes : *Nous ne pouvons oublier que Saint Augustin a été rempli d'une si grande science, qu'il a été consideré par mes predecesseurs comme un des plus excellens Maîtres.* Ce que le Pape Jean deuxiéme a confirmé encore plus fortement quand il a dit *que conformement aux Decrets des Papes ses predecesseurs, l'Eglise Romaine suit & soûtient la doctrine de Saint Augustin.*

Au reste, Je sçay bon gré au Pere Bouhours de ne vouloir pas entrer dans le détail de la Nouvelle declaration des disciples de Saint Augustin : ce n'est pas là son talent ; c'est toute-fois ce qu'il auroit dû faire pour répondre à la *Recrimination*, &c. puisque si la doctrine qu'on y expose est catholique, toutes les accusations des Jesuites tombent à terre ; & si elle ne l'est pas, c'étoit à luy à le faire voir, s'il luy avoit été possible.

Pere Bouhours.

Ils doivent encore moins se persuader qu'on croira sur leur parole qu'ils font une exposition sincere de leur doctrine. Tous les imposteurs se piquent de sincerité : mais tout ce qu'ils disent là-dessus ne sert qu'à les rendre plus suspects.

Réponse.

On voit bien que la passion est violente : car plus il avance, plus sa raison s'obscurcit & se broüille. Vous diriez à voir la confiance avec laquelle il parle, qu'il a procuration du genre humain pour declarer à Monsieur Arnauld & à ses amis qu'ils ont beau faire ; que c'est tems perdu de declarer leurs sentimens & de s'expliquer de la maniere du monde la plus catholique ; qu'on est resolu de ne les point croire. Il a donc grand tort de se tourmenter á les exhorter à se convertir, comme il fait dans sa Lettre. A quoy bon ce qu'il dit, que *les Janseniftes n'ont point d'autre parti à prendre pour étré écoutez favorablement, que de retracter leurs erreurs ; & que ceux qui font criminels en matiere de Religion, cessent de l'étre aussi tôt qu'ils reconnoissent leur crime, & qu'ils le detestent sincerement ; que c'est l'expedient le plus court, le plus aisé, & le plus seur?* Mais que serviroient des retractations & des declarations ausquelles on est determiné à ne point avoir d'égard ? Car enfin ils n'ont point d'autres voyes pour s'expliquer ; &, si vous voulez, pour se retracter, pour detester ces pretendues erreurs, que la parole ou les écrits ; & si tout ce qu'ils diront, tout ce qu'ils écriront, ne doit servir qu'à les rendre plus suspects, il vaut mieux qu'ils se taisent & qu'ils laissent crier le Pere Bouhours & ses compagnons tant qu'il leur plaira, sans s'en mettre beaucoup en peine : auſſi-bien eſt on fort aſſuré qu'ils ne diſpoſent pas auſſi facilement qu'ils ſe l'imaginent de la creance du monde ; & que s'il eſt vray, que tous les impoſteurs ſe piquent de ſincerité, rien n'eſt plus impertinent, que d'en conclure que tous ceux qui ſe piquent de ſincerité doivent paſſer pour des impoſteurs.

Pere Bouhours.

La conduite que ces Meſſieurs ont tenuë depuis que les cinq propoſitions ont été condamnées, ne donne pas une haute idée de leur bonne foy ; & la maniere captieuſe dont ils expoſent encore leur doctrine, fait bien voir qu'ils ſont eux mêmes de grands maîtres en equivoques. Les Jeſuites n'y entendent rien auprés d'eux, & les bons Peres avoüent franchement que cette expoſition ſi ſincere eſt un chef-d'œuvre de l'art. Ils défient même les plus habiles en déguiſemens de forger rien de plus artificieux & de plus ambigu.

Réponſe.

Rien au contraire ne doit donner une meilleure idée de la ſincerité & de la bonne foy de ces Meſ-ſieurs que la conduite qu'ils ont tenuë depuis que les cinq propoſitions ont été condamnées. Car ils ont toûjours declaré qu'ils condamnoient toutes les erreurs que le Saint Siege y avoit proſcrites ; & s'ils n'ont pas fait tout ce que les Jeſuites ſouhaitoient qu'ils fiſſent, c'eſt parce qu'ils étoient ſinceres, & qu'ils ont mieux aimé ſouffrir une fort longue & fort rude perſecution que de rien faire contre leur conſcience. Il leur étoit aiſé de ſe mettre en repos & d'ôter aux Jeſuites toute occaſion de les vexer, s'ils n'avoient fait plus de cas de la bonne foy que de tous les avantages temporels. Quand ces bons Peres auront donné des preuves de la leur

auſſi

auſſi réelles & auſſi ſenſibles que celles-là , on commencera à avoir quelque opinion de leur ſincerité.

On a fait voir dans la *Recrimination* & dans la *Declaration* qui la ſuit , combien celle-ci a été trouvée claire & catholique par les Theologiens des plus celebres Univerſitez , par l'Ecole de Saint Thomas, par les Evêques , par tout ce qu'il y a de perſonnes qui aiment la paix & la verité. Ainſi le Reverend Pere a beau ſe récrier qu'elle eſt captieuſe, ambigue, artificieuſe & un chef-d'œuvre en matiere d'equivoques & de déguiſemens, ce ſont paroles perduës. Quand les Jeſuites donneront une expoſition de leurs dogmes, auſſi claire & auſſi préciſe que celle-là & bien autoriſée, on s'engage d'y ajoûter foy. Mais il leur ſeroit trop desavantageux de ſe faire voir à nu : les ſuites en pourroient être embarraſſantes ; les equivoques leur ſont d'un plus grand uſage.

Pere Bouhours.

Mais ces Meſſieurs ne gagnent rien de ſe déguiſer en Thomiſtes, ou les reconnoît ſous ce maſque, & quand on les regarde de prés , au lieu de Saint Auguſtin & de Saint Thomas on ne voit que Calvin tout pur.

Réponſe.

Voilà bien du changement en peu de tems , Tout à cette heure c'étoit *une expoſition* ſi *captieuſe* qu'elle ne pouvoit partir que de la main des plus *grands maiſtres en equivoques , c'étoit un chef d'œuvre de l'art* ; *on défioit les plus habiles en déguiſemens de forger rien de plus artificieux & de plus ambigu* ; enfin ils l'emportoient ſur les Jeſuites de l'aveu des Jeſuites mêmes, ce qui eſt tout dire: & ici il y a ſi peu de tout cela, qu'il ne faut que regarder de prés pour n'y voir que *Calvin tout pur.* Cependant ni
l'Ecole

l'Ecole de Saint Thomas, ni les Docteurs les plus habiles, ni les Evêques, ni les Papes n'y ont point vû Calvin, & y ont vû Saint Augustin & Saint Thomas. Pour moi j'aime mieux croire que le Pere Bouhours est ou calomniateur, ou visionnaire, que de prendre tant d'illustres temoins pour des témoins aveugles ou passionnez. Ce bon Pere n'a peut-étre jamais vû ni Saint Augustin ni Saint Thomas ni Calvin que par le dos; il est donc aisé qu'il prenne l'un pour l'autre, même quand il y regarde de fort prés.

Pere Bouhours.

Ce qui paroît surprenant, c'est que dans le malheur de leurs affaires ils en soient reduits à se faire Thomistes, & qu'ils ayent oublié que leur premier Secretaire a tourné en ridicule la doctrine de l'Ecole de Saint Thomas touchant la grace suffisante, en disant à ce bon Pere Jacobin qu'il met sur la scene: *En verité, mon Pere, si j'avois du credit en France, je ferois publier à son de trompe : On fait à sçavoir que quand les Jacobins disent que la grace suffisante est donnée à tous, ils entendent que tous n'ont pas la grace effectivement.*

Résponse.

Quand j'entens le Pere Bouhours parler du malheur des affaires des disciples de Saint Augustin, il me semble que j'entens les Gazetiers de Hollande se tuer de dire que la France est aux abois pendant que les armes du Roy triomphe sur mer & sur terre, & que ses Armées sont par tout dans le païs ennemi & y subsistent aux dépens des Alliez.

Ce n'est pas qu'en considerant les choses d'un œil humain, il ne soit vray en un sens, que quelquesuns de ces Messieurs sont mal dans leurs affaires. Car enfin leur beatitude en ce monde n'est guere qu'

 Evan-

Evangelique, selon ces paroles du Fils de Dieu:
* *Vous serez bienheureux lorsque les hommes vous chargeront d'injures & de reproches ; qu'ils vous persecuteront , & qu'à cause de moi ils diront faussement toute sorte de mal contre vous. Réjouïssez-vous alors & soyez ravis de joye ; parce qu'une grande recompense vous est reservée dans le ciel.* Mais en verité leur malheur n'est pas tel qu'il leur dût étre reproché par des Prêtres & des Religieux ; & moins encore par les Jesuites qui sont leurs uniques persecuteurs. Quand ils seroient encore plus malheureux , ils n'en auroient que plus de sujet de se consoler & de se réjouïr d'avoir quelque petite part au sort des Saints , n'aiant point d'autre crime que celui de plusieurs grands Evêques, d'une Congregation entiere de plus de deux cens Filles d'une rare pieté, d'un grand nombre d'excellens Prêtres, & d'autres personnes de toutes conditions qui ont souffert ou qui souffrent encore l'exil, la prison, la perte de leurs biens & toutes sortes d'autres vexations, & dont plusieurs même ont fini leurs jours dans une dure captivité. Personne n'ignore que tout cela est de la façon des Jesuites.

Il fait le dedaigneux au regard des Thomistes, & les Jansenistes mêmes lui font pitié d'étre reduits à prendre parti dans leur Ecole. Mais quelque mine qu'il fasse , il voit bien que l'Ecole de Saint Thomas sera toûjours la terreur de celle de Molina. Elle a la premiere attaqué ses erreurs & les a denoncées à l'Eglise. Elle aura toûjours les armes à la main pour repousser ces dogmes malheureux qu'elle fit censurer par la Congregation *de Axiliis*. Les disciples de Saint Augustin se sont toûjours fait honneur de combatre avec eux pour la doctrine celeste de la predestination gratuite & de la grace efficace. Les efforts que les Jesuites firent à Rome sous Innocent X. pour separer leurs interêts, furent vains & inutiles , & ce qui les desole & les desespere encore

au-

* Matth. 5.

aujourd'hui, eſt-que de jour en jour on voit plus clairement qu'on ne ſçauroit condamner les pretendus Janſeniſtes ni les traiter d'hérétiques, ſans traiter de même tout ce qu'il y a de vrais diſciples de Saint Thomas dans le monde.

Ce qu'il dit du premier Secretaire de Meſſieurs de Port-Royal n'a que deux petits defauts ; le premier, c'eſt qu'il eſt faux de toute fauſſeté ; le deuxiéme, eſt que pour le faire paroître vray, il falſifie d'une maniere honteuſe un endroit des Provinciales. En verité c'eſt à lui une grande imprudence de réveiller la memoire de ces Lettres ; il n'en devroit jamais approcher de cent lieuës. C'eſt un écueil où il ne peut que ſe briſer.

Il eſt, dis-je, tres-faux que ces Meſſieurs aient dans ces Lettres *tourné en ridicule la doctrine de l'Ecole de Saint Thomas touchant la grace ſuffiſante.* Il n'y avoit point de differend entre eux & les Thomiſtes touchant la doctrine ; ce n'étoit qu'une diſpute de nom. Les uns & les autres outre les graces abſolument efficaces, neceſſaires pour toute bonne œuvre, en admettent d'autres qui ne determinent point la volonté à agir effectivement : mais quelques nouveaux Thomiſtes appellent ces dernieres ſuffiſantes, & les autres croyent qu'on ne leur devroit pas donner ce nom ; parce que de l'aveu de tous les Thomiſtes elles ſont inſuffiſantes pour agir, ou pour parler autrement, elles ne renferment pas tout ce qui eſt neceſſaire pour agir, la grace efficace étant outre cela neceſſaire. *Ainſi*, dit ſur cela le Secretaire, *ſi ces Thomiſtes ſont conformes aux Jeſuites par un terme qui n'a pas de ſens, ils leur ſont contraires, & conformes aux Janſeniſtes dans la ſubſtance de la choſe.* Vendrock remarque auſſi ſur cette Lettre, que ce n'étoit qu'une diſpute de nom, *de nomine ſolum litigat :* encore ajoûte-t il, ‚‚ ce qu'on a toûjours dit en cent occaſions, on n'em ‚‚ pêche point qu'on ne ſe ſerve du mot de ſuffiſan- ‚‚ tes en marquant qu'on ne le prend point au ‚‚ ſuis-

,, fens de Moliniftes; mais dans celuy des Tho-
,, miftes.

Mais avec quelle hardieffe a-t-il pû falfifier le feul paffage par lequel il vouloit prouver qu'on avoit tourné en ridicule la doctrine des Thomiftes: *On fait à fçavoir, que quand les Jacobins difent que la grace fuffifante eft donnée à tous, ils entendent que tous n'ont pas la grace effectivement?* C'eft ainfi qu'il rapporte ce paffage, au lieu que dans l'original & par tout ailleurs, on a toûjours lû ainfi les dernieres paroles : N'*ont pas la grace* QUI SUFFIT *effectivement.* La difference de ces deux propofitions eft fi vifible, qu'il eft prefque inutile de la remarquer. La propofition falfifiée contient une contradiction vifible, & outre cela accufe ceux dont on parle, de n'admettre point d'autre grace que celle qui eft abfolument efficace. Au contraire la propofition veritable ne les accufe que d'appeller fuffifante la grace qui ne fuffit pas effectivement: c'eft-à-dire, que celle-ci ne leur impute que d'abufer d'un mot contre fa fignification naturelle & de pecher contre la Grammaire; au lieu qu'en la corrompant, comme fait ce Jefuite, on leur imputeroit de pecher contre la foy en rejettant la doctrine des graces inefficaces ou excitantes reçues par le Concile de Trente & par toute l'antiquité. Fiez-vous à ces gens-là, & repofez-vous fur leur bonne foy tant vantée, & fur les proteftations magnifiques que le Pere Bouhours en fait au Denonciateur dans fon premier écrit fur le peché Philofophique. C'eft le moyen d'être fouvent la duppe des Ecrivains de la Compagnie.

Pere Bouhours.

Du refte le parti ne doit pas trop croire fur la parole de Monfieur Arnauld, que celuy qu'on leur oppofe ne fçache tout au plus que faire l'ana-

tomie d'un mot & tourner galamment une penſée.
La ſeule Lettre qu'on remet au jour montre aſſez
qu'il ſçait autre choſe.

Réponſe.

Il faut le laiſſer joüir paiſiblement de la gloire
qu'il ſe donne d'être l'antagoniſte de Monſieur Arnauld, & le champion que la Societé luy oppoſe.
Cette penſée le flatte trop agreablement. Cependant il eſt bon de l'avertir que ſi le parti, à la tête du-
quel il met ce Docteur, eſt compoſé de tous ceux qui
ne font pas grand cas du ſçavoir du Pere Bouhours,
c'eſt un parti plus nombreux qu'il ne penſe & qui
luy doit faire peur.

On voit bien encore qu'il abuſe de l'equivoque
d'un mot pour ſe donner à luy-même en paſſant une
loüange que ſon adverſaire n'a point penſé à luy
donner. Car il y a bien de la difference entre l'inclination à donner *un air de galanterie* à ſes écrits,
de quoy on a tâché de luy faire honte ; & l'art
de *tourner galamment une penſée,* dont il ſe veut
faire honneur: comme il y en a beaucoup entre un
galant homme, tel que n'eſt pas le Pere Bouhours,
& un *homme galant* tel qu'il affecte de paroître prefque dans tout ce qu'il écrit. Il voudra bien nous
être obligé de cette petite remarque, comme nous
luy avons ſçû bon gré de nous avoir appris autrefois cette grande verité de la vie civile & de la morale Chrêtienne. Qu'il y a grande difference entre
une *jolie femme* & une *femme jolie.*

On n'a jamais dit toutefois qu'il ne ſçût rien
que de la galanterie. *La ſeule Lettre qu'on remet
au jour montre aſſez qu'il ſçait autre choſe ;* qu'il
ſçait calomnier à merveille ; avancer les faits les
plus incroyables ſans rien prouver ; amuſer le monde par des contes faits à plaiſir, mêler dans une
Lettre, où il pretend qu'on doit connoître ſon
grand fonds de Theologie & de lumieres ſur la Religion,

ligion, de méchans petits Romans qui disputeroient du ridicule avec celuy de Dom Quichote, tel qu'est la défaite du regiment Irlandois par un grand Archevêque.

Pere Bouhours.

D'ailleurs l'anatomie des mots conduit naturellement à celle des pensées & des propositions; & quelque mine que fassent ces Messieurs, ils voudroient bien que ce Jesuite, qu'ils font semblant de mépriser, ne fût pas si habile anatomiste: ils s'en trouveroient peut-être mieux, & ils ne crieroient pas si haut pour peu qu'il les touche aux endroits sensibles.

Réponse.

On a toûjours estimé ceux qui sçavent bien la langue, & qui travaillent à l'enrichir & à la polir davantage de jour en jour? mais on a pitié d'un Religieux qui n'a travaillé toute sa vie qu'à se faire la reputation de beau parleur, qui fait par tout une vaine montre d'un talent fort mediocre, & qui affamé de cette sorte de loüange, se donne à luy-même de l'encens en citant avec honneur ses propres écrits; & prenant soin d'en faire remarquer les beaux endroits, quand personne ne s'avise de le faire. Il ne tient pas aussi à luy qu'on ne le regarde comme un critique terrible ; capable de faire la bonne ou la mauvaise reputation des ouvrages dont il entreprend de faire l'anatomie. Il se flatte d'avoir fait crier bien haut certains auteurs, pour faire croire qu'il leur a fait des plaies mortelles: mais il parle ainsi pour se consoler de ce qu'on l'a méprisé, & qu'on s'est mocqué de sa critique. La maniere dont d'autres ont bien sçu l'humilier en mettant ses sotises en evidence, luy doit faire comprendre que ce n'est pas par impuissance qu'on l'a laissé joüir du plaisir d'une critique qui n'a pû plaire à perſonne que par ſa malignité. Tout de bon un homme qui a employé le credit de ſon General pour demander miſericorde à un auteur celebre qui avoit commencé de le *toucher aux endroits ſenſibles*, n'a pas bonne grace de tant faire le fier.

Pere Bonhours.

Pour l'agrément du langage & la politeſſe du ſtile qu'ils lui reprochent, ce n'eſt pas un ſi grand crime, & on doit pardonner aux Jeſuites d'avoir profité des inſultes que Port-Royal leur faiſoit autrefois ſur leur maniere d'écrire. Lorſque ces Meſſieurs ſe croyoient les maîtres de la langue, la politeſſe, ſelon eux, faiſoit une partie de la Religion. Depuis qu'on a fait voir qu'ils ſe trompoient, ils ont traité la politeſſe de galanterie. Ils entreprendront bien tôt de nous perſuader que la barbarie eſt neceſſaire à ſalut, ou du moins qu'un Jeſuite ne peut ſe ſauver ſans écrire mal.

Réponſe.

L'auteur de l'écrit qui porte le titre de **Recrimination**, &c. n'a jamais penſé à reprocher au Pere Bouhours *l'agrément du langage*, ni *la politeſſe du ſtile*. Mais comme ce Pere ne peut répondre aux vrais reproches qu'on lui fait ſur ſon inclination à la galanterie, dont ſes écrits ſont tiſſus, il feint de faux reproches pour les pouvoir combatre. Il faudroit étre ſans diſcernement pour traiter la politeſſe de galanterie; mais il ſuffit d'étre le Pere Bouhours pour allier & confondre l'une avec l'autre. Dieu merci jamais perſonne, non pas même aucun Jeſuite, n'a accuſé de galanterie Meſſieurs de Port-Royal; le public neantmoins n'a pas crû qu'ils écriviſſent d'une maniere tout-à-fait barbare: & les Jeſuites ont fondé cent fois ſur la politeſſe de leur.

ſtile

ftile l'accufation d'une pretenduë conformité avec les hérétiques du dernier fiecle.

Quand les Jefuites en dépit de l'Academie Fran-çoife deviendroient *les maîtres de la langue*, on ne s'avifera jamais de leur en faire un crime. On les louë de s'être tirez de cette *barbarie* où ils ont croupi fi long-temps ; & Meffieurs de Port-Royal ne font point fâchez d'y avoir contribué de l'aveu du Pere Bouhours. On n'a nulle peine à avouer maintenant qu'il y a quelques-uns de leurs Ecrivains qui fçavent affez bien leur langue naturelle : mais quand des Theologiens & des Religieux n'ont que cela, en ve-rité c'eft bien peu de chofe. Que fi au lieu d'emplo-yer ce petit talent d'une maniere utile à l'Eglife & au public par des ouvrages inftructifs & edifians, il s'en trouvoit beaucoup qui, à l'exemple du Pere Bouhours, ne travaillaffent qu'à ramaffer des baga-telles, à fe former un ftile coquet, à embellir le langage des cercles & des ruelles ; ou, ce qui eft en-core fans comparaifon plus criminel, à répandre dans le monde des calomnies atroces contre des per-fonnes de pieté ; je ne fais pas difficulté de dire qu'il feroit avantageux à la Societé que fes enfans fuffent demeurez dans *la barbarie* du langage. Et Dieu veuil-le, Dieu veuille que l'un de ces jours le Pere Bou-hours ne reconnoiffe pas lui-même à la vuë des ju-gemens de Dieu que cette forte de *barbarie* lui étoit *neceffaire à falut*. Dieu veuille que preffé par des remords de confcience peut-être trop tardifs, il ne regrette pas alots amerement de ne s'être point per-fuadé, non *qu'un Jefuite ne fe peut fauver fans écri-re mal*, mais qu'un Religieux fe peut fauver fans bien écrire, & que c'eft un grand malheur que d'a-voir ce talent quand on a le cœur affez corrompu pour n'en faire prefque d'autre ufage que de le faire fervir à fes paffions, aprés que les paffions ont peut-être fervi elles mêmes à le former.

C'eft au Pere Bouhours à faire fur cette verité une férieufe reflexion & à confiderer ce qu'il aura à ré-pon-

pondre au tribunal de Dieu, quand on lui reprochera d'avoir publiquement traité d'hérétiques ceux en qui il n'a pû marquer aucune hérésie & qui sont dans la communion de l'Eglise, du saint Siege & de tout les Evêques Catholiques. Les vains pretextes dont il s'efforce de colorer maintenant ses calomnies, & dont il se sert pour cacher aux hommes sa passion, ne serviront de rien à ce tribunal, ni pour appaiser les reproches d'une conscience effrayée ni pour éluder la justice inflexible de Dieu. On souhaite de bon cœur qu'il songe pendant qu'il est encore temps à l'appaiser par une veritable penitence & par une réparation proportionnée à la malignité de ses écrits. Il dit sans doute la même chose de ceux qu'il calomnie, & il fait semblant de croire que l'injustice & la médisance sont de leur côté. C'est au public de juger entre lui & ses adversaires, & il y a tout sujet de croire que ce juge qui est le plus éclairé & le plus equitable de tous les juges qui sont sur la terre, sera trop frappé de la temerité & de l'injustice de ce Jesuite & de ses confreres pour en juger d'une maniere qui leur fasse honneur. Mais nous attendons encore du ciel un autre Juge, ce Juge *qui jugera son peuple selon la justice, & ses pauvres selon l'equité; qui humiliera les calomniateurs;* & leur fera payer bien cher la mauvaise satisfaction & la douceur funeste qu'ils goûtent dans leur calomnies. *Encore un moment & celui qui doit venir viendra. Il produira au grand jour ce qui est caché dans les tenebres, & découvrira les plus secrettes pensées des cœurs. Alors chacun recevra la loüange qu'il aura meritée.*

F I N.